MW01278300

Selección de Miguel Arteche

Comentario de Jaime Quezada

Ilustraciones de Carlos Rojas Maffioletti

Primera edición, 1988
Segunda edición, 1993
Tercera edición, 1994
Cuarta edición, 1995
Quinta edición, 1995

Av. Ricardo Lyon 946, Santiago de Chile

Inscripción N° 68.841

Se terminó de imprimir esta quinta edición
de 10.000 ejemplares en el mes de noviembre de 1995

IMPRESORES: Salesianos S. A.

IMPRESO EN CHILE / PRINTED IN CHILE

ISBN: 956-13-0698-K

POESIA DE PABLO NERUDA

EDITORIAL ANDRES BELLO
Barcelona • Buenos Aires • México D.F. • Santiago de Chile

INDICE

de CREPUSCULARIO

SENSACION DE OLOR

Fragancia
de lilas...

Claros atardeceres de mi lejana infancia
que fluyó como el cauce de unas aguas tranquilas.

Y después un pañuelo temblando en la distancia.
Bajo el cielo de seda la estrella que titila.

Nada más. Pies cansados en las largas errancias
y un dolor, un dolor que remuerde y se afila.

...Y a lo lejos campanas, canciones, penas, ansias,
vírgenes que tenían tan dulces las pupilas.

Fragancia
de lilas...

MAESTRANZAS DE NOCHE

Fierro negro que duerme, fierro negro que gime
por cada poro un grito de desconsolación.

Las cenizas ardidas sobre la tierra triste,
los caldos en que el bronce derritió su dolor.

Aves de qué lejano país desventurado
graznaron en la noche dolorosa y sin fin?

Y el grito se me crispa como un nervio enroscado
o como la cuerda rota de un violín.

Cada máquina tiene una pupila abierta
para mirarme a mí.

En las paredes cuelgan las interrogaciones,
florece en las bigornias el alma de los bronces
y hay un temblor de pasos en los cuartos desiertos.

Y entre la noche negra –desesperadas– corren
y sollozan las almas de los obreros muertos.

AROMOS RUBIOS EN LOS CAMPOS DE LONCOCHE

La pata gris del Malo pisó estas pardas tierras,
hirió estos dulces surcos, movió estos curvos montes,
rasguñó las llanuras guardadas por la hilera
rural de las derechas alamedas bifrontes.

El terraplén yacente removió su cansancio,
se abrió como una mano desesperada el cerro,
en cabalgatas ebrias galopaban las nubes
arrancando de Dios, de la tierra y del cielo.

El agua entró en la tierra mientras la tierra huía
abiertas las entrañas y anegada la frente:
hacia los cuatro vientos, en las tardes malditas,
rodaban –ululando como tigres– los trenes.

Yo soy una palabra de este paisaje muerto,
yo soy el corazón de este cielo vacío:
cuando voy por los campos, con el alma en el viento,
mis venas continúan el rumor de los ríos.

¿A dónde vas ahora? –Sobre el cielo la greda
del crepúsculo, para los dedos de la noche.
No alumbrarán estrellas... A mis ojos se enredan
aromos rubios en los campos de Loncoche.

MARIPOSA DE OTOÑO

La mariposa volotea
y arde –con el sol– a veces.

Mancha volante y llamarada,
ahora se queda parada
sobre una hoja que la mece.

Me decían: –No tienes nada.
No estás enfermo. Te parece.

Yo tampoco decía nada.
Y pasó el tiempo de las mieses.

Hoy una mano de congoja
llena de Otoño el horizonte.
Y hasta de mi alma caen hojas.

Me decían: –No tienes nada.
No estás enfermo. Te parece.

Era la hora de las espigas.
El sol, ahora,
convalece.

Todo se va en la vida, amigos.
Se va o perece.

Se va la mano que te induce.
Se va o perece.

Se va la rosa que desates.
También la boca que te bese.

El agua, la sombra y el vaso.
Se va o perece.

Pasó la hora de las espigas.
El sol, ahora, convalece.

Su lengua tibia me rodea.
También me dice: –Te parece.

La mariposa volotea,
revolotea,
y desaparece.

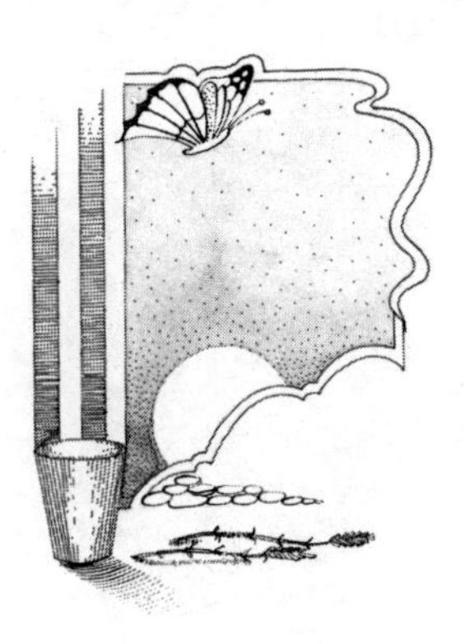

de

VEINTE POEMAS DE AMOR Y UNA CANCION DESESPERADA

POEMA 3

Ah vastedad de pinos, rumor de olas quebrándose,
lento juego de luces, campana solitaria,
crepúsculo cayendo en tus ojos, muñeca,
caracola terrestre, en ti la tierra canta!

En ti los ríos cantan y mi alma en ellos huye
como tú lo desees y hacia donde tú quieras.
Márcame mi camino en tu arco de esperanza
y soltaré en delirio mi bandada de flechas.

En torno a mí estoy viendo tu cintura de niebla
y tu silencio acosa mis horas perseguidas,
y eres tú con tus brazos de piedra transparente
donde mis besos anclan y mi húmeda ansia anida.

Ah tu voz misteriosa que el amor tiñe y dobla
en el atardecer resonante y muriendo!
Así en horas profundas sobre los campos he visto
doblarse las espigas en la boca del viento.

POEMA 6

Te recuerdo como eras en el último otoño.
Eras la boina gris y el corazón en calma.
En tus ojos peleaban las llamas del crepúsculo.
Y las hojas caían en el agua de tu alma.

Apegada a mis brazos como una enredadera,
las hojas recogían tu voz lenta y en calma.
Hoguera de estupor en que mi sed ardía.
Dulce jacinto azul torcido sobre mi alma.

Siento viajar tus ojos y es distante el otoño:
boina gris, voz de pájaro y corazón de casa
hacia donde emigraban mis profundos anhelos
y caían mis besos alegres como brasas.

Cielo desde un navío. Campo desde los cerros.
Tu recuerdo es de luz, de humo, de estanque en
calma!
Más allá de tus ojos ardían los crepúsculos.
Hojas secas de otoño giraban en tu alma.

POEMA 15

Me gustas cuando callas porque estás como ausente,
y me oyes desde lejos, y mi voz no te toca.
Parece que los ojos se te hubieran volado
y parece que un beso te cerrara la boca.

Como todas las cosas están llenas de mi alma
emerges de las cosas, llena del alma mía.
Mariposa de sueño, te pareces a mi alma,
y te pareces a la palabra melancolía.

Me gustas cuando callas y estás como distante.
Y estás como quejándote, mariposa en arrullo.
Y me oyes desde lejos, y mi voz no te alcanza:
Déjame que me calle con el silencio tuyo.

Déjame que te hable también con tu silencio
claro como una lámpara, simple como un anillo.
Eres como la noche, callada y constelada.
Tu silencio es de estrella, tan lejano y sencillo.

Me gustas cuando callas porque estás como ausente.
Distante y dolorosa como si hubieras muerto.
Una palabra entonces, una sonrisa bastan.
Y estoy alegre, alegre de que no sea cierto.

POEMA 20

Puedo escribir los versos más tristes esta noche.

Escribir, por ejemplo: "La noche está estrellada,
y tiritan, azules, los astros, a lo lejos".

El viento de la noche gira en el cielo y canta.

Puedo escribir los versos más tristes esta noche.
Yo la quise, y a veces ella también me quiso.

En las noches como ésta la tuve entre mis brazos.
La besé tantas veces bajo el cielo infinito.

Ella me quiso, a veces yo también la quería.
Cómo no haber amado sus grandes ojos fijos.

Puedo escribir los versos más tristes esta noche.
Pensar que no la tengo. Sentir que la he perdido.

Oír la noche inmensa, más inmensa sin ella.
Y el verso cae al alma como al pasto el rocío.

Qué importa que mi amor no pudiera guardarla.
La noche está estrellada y ella no está conmigo.

Eso es todo. A lo lejos alguien canta. A lo lejos.
Mi alma no se contenta con haberla perdido.

Como para acercarla mi mirada la busca.
Mi corazón la busca, y ella no está conmigo.

La misma noche que hace blanquear los mismos
árboles.
Nosotros, los de entonces, ya no somos los mismos.

Ya no la quiero, es cierto, pero cuánto la quise.
Mi voz buscaba el viento para tocar su oído.

De otro. Será de otro. Como antes de mis besos.
Su voz, su cuerpo claro. Sus ojos infinitos.

Ya no la quiero, es cierto, pero tal vez la quiero.
Es tan corto el amor, y es tan largo el olvido.

Porque en noches como ésta la tuve entre mis
brazos,
mi alma no se contenta con haberla perdido.

Aunque éste sea el último dolor que ella me causa,
y éstos sean los últimos versos que yo le escribo.

de RESIDENCIA EN LA TIERRA

FANTASMA

Cómo surges de antaño, llegando,
encandilada, pálida estudiante,
a cuya voz aún piden consuelo
los meses dilatados y fijos.

Sus ojos luchaban como remeros
en el infinito muerto
con esperanza de sueño y materia
de seres saliendo del mar.

De la lejanía en donde
el olor de la tierra es otro
y lo vespertino llega llorando
en forma de oscuras amapolas.

En la altura de los días inmóviles
el insensible joven diurno
en tu rayo de luz se dormía
afirmado como en una espada.

Mientras tanto crece a la sombra
del largo transcurso en olvido
la flor de la soledad, húmeda, extensa,
como la tierra en un largo invierno.

JUNTOS NOSOTROS

Qué pura eres de sol o de noche caída,
qué triunfal desmedida tu órbita de blanco,
y tu pecho de pan, alto de clima,
tu corona de árboles negros, bienamada,
y tu nariz de animal solitario, de oveja salvaje
que huele a sombra y a precipitada fuga tiránica.

Ahora, qué armas espléndidas mis manos,
digna su pala de hueso y su lirio de uñas,
y el puesto de mi rostro, y el arriendo de mi alma
están situados en lo justo de la fuerza terrestre.
Qué pura mi mirada de nocturna influencia,
caída de ojos oscuros y feroz acicate,
mi simétrica estatua de piernas gemelas
sube hacia estrellas húmedas cada mañana,
y mi boca de exilio muerde la carne y la uva,
mis brazos de varón, mi pecho tatuado
en que penetra el vello como ala de estaño,
mi cara blanca hecha para la profundidad del sol,
mi pelo hecho de ritos, de minerales negros,
mi frente, penetrante como golpe o camino,
mi piel de hijo maduro, destinado al arado,
mis ojos de sal ávida, de matrimonio rápido,
mi lengua amiga blanda del dique y del buque,
mis dientes de horario blanco, de equidad sistemática,
la piel que hace a mi frente un vacío de hielos
y en mi espalda se torna, y vuela en mis párpados,
y se repliega sobre mi más profundo estímulo,
y crece hacia las rosas en mis dedos,
en mi mentón de hueso y en mis pies de riqueza.

Y tú como un mes de estrella, como un beso fijo,
como estructura de ala, o comienzos de otoño,
niña, mi partidaria, mi amorosa,
la luz hace su lecho bajo tus grandes párpados,
dorados como bueyes, y la paloma redonda
hace sus nidos blancos frecuentemente en ti.

Hecha de ola en lingotes y tenazas blancas,
tu salud de manzana furiosa se estira sin límite,
el tonel temblador en que escucha tu estómago,
tus manos hijas de la harina y del cielo.

Qué parecida eres al más largo beso,
su sacudida fija parece nutrirte,
y su empuje de brasa, de bandera revuelta,
va latiendo en tus dominios y subiendo temblando,
y entonces tu cabeza se adelgaza en cabellos,
y su forma guerrera, su círculo seco,
se desploma de súbito en hilos lineales
como filos de espadas o herencias del humo.

ANGELA ADONICA

Hoy me he tendido junto a una joven pura
como a la orilla de un océano blanco,
como en el centro de una ardiente estrella
de lento espacio.

De su mirada largamente verde
la luz caía como un agua seca,
en transparentes y profundos círculos
de fresca fuerza.

Su pecho como un fuego de dos llamas
ardía en dos regiones levantado,
y en doble río llegaba a sus pies,
grandes y claros.

Un clima de oro maduraba apenas
las diurnas longitudes de su cuerpo
llenándolo de frutas extendidas
y oculto fuego.

EL FANTASMA DEL BUQUE DE CARGA

Distancia refugiada sobre tubos de espuma,
sal en rituales olas y órdenes definidos,
y un olor y rumor de buque viejo
de podridas maderas y hierros averiados,
y fatigadas máquinas que aúllan y lloran
empujando la proa, pateando los costados,
mascando lamentos, tragando y tragando distancias,
haciendo un ruido de agrias aguas sobre las agrias aguas,
moviendo el viejo buque sobre las viejas aguas.

Bodegas interiores, túneles crepusculares
que el día intermitente de los puertos visita:
sacos, sacos que un dios sombrío ha acumulado
como animales grises, redondos y sin ojos,
con dulces orejas grises,
y vientres estimables llenos de trigo o copra,
sensitivas barrigas de mujeres encinta,
pobremente vestidas de gris, pacientemente
esperando en la sombra de un doloroso cine.

Las aguas exteriores de repente
se oyen pasar, corriendo como un caballo opaco,
con un ruido de pies de caballo en el agua,
rápidas, sumergiéndose otra vez en las aguas.
Nada más hay entonces que el tiempo en las cabinas:
el tiempo en el desventurado comedor solitario,
inmóvil y visible como una gran desgracia.
Olor de cuero y tela densamente gastados,
y cebollas, y aceite, y aún más,
olor de alguien flotando en los rincones del buque,
olor de alguien sin nombre
que baja como una ola de aire las escalas,

y cruza corredores con su cuerpo ausente,
y observa con sus ojos que la muerte preserva.

Observa con sus ojos sin color, sin mirada,
lento, y pasa temblando, sin presencia ni sombra:
los sonidos lo arrugan, las cosas lo traspasan,
su transparencia hace brillar las sillas sucias.
Quién es ese fantasma sin cuerpo de fantasma,
con sus pasos livianos como harina nocturna
y su voz que sólo las cosas patrocinan?
Los muebles viajan llenos de su ser silencioso
como pequeños barcos dentro del viejo barco,
cargados de su ser desvanecido y vago:
los roperos, las verdes carpetas de las mesas,
el color de las cortinas y del suelo,
todo ha sufrido el lento vacío de sus manos,
y su respiración ha gastado las cosas.

Se desliza y resbala, desciende, transparente,
aire en el aire frío que corre sobre el buque,
con sus manos ocultas se apoya en las barandas
y mira el mar amargo que huye detrás del buque.
Solamente las aguas rechazan su influencia,
su color y su olor de olvidado fantasma,
y frescas y profundas desarrollan su baile
como vidas de fuego, como sangre o perfume,
nuevas y fuertes surgen, unidas y reunidas.

Sin gastarse las aguas, sin costumbre ni tiempo,
verdes de cantidad, eficaces y frías,
tocan el negro estómago del buque y su materia
lavan, sus costras rotas, sus arrugas de hierro:
roen las aguas vivas la cáscara del buque,
traficando sus largas banderas de espuma
y sus dientes de sal volando en gotas.

Mira el mar el fantasma con su rostro sin ojos:
el círculo del día, la tos del buque, un pájaro
en la ecuación redonda y sola del espacio,
y desciende de nuevo a la vida del buque
cayendo sobre el tiempo muerto y la madera,
resbalando en las negras cocinas y cabinas,
lento de aire y atmósfera y desolado espacio.

BARCAROLA

Si solamente me tocaras el corazón,
si solamente pusieras tu boca en mi corazón,
tu fina boca, tus dientes,
si pusieras tu lengua como una flecha roja
allí donde mi corazón polvoriento golpea,
si soplaras en mi corazón, cerca del mar, llorando,
sonaría con un ruido oscuro, con sonido de ruedas de tren
con sueño,

como aguas vacilantes,
como el otoño en hojas,
como sangre,
con un ruido de llamas húmedas quemando el cielo,
sonando como sueños o ramas o lluvias,
o bocinas de puerto triste,
si tú soplaras en mi corazón cerca del mar,
como un fantasma blanco,
al borde de la espuma,
en mitad del viento,
como un fantasma desencadenado, a la orilla del mar,
llorando.

Como ausencia extendida, como campana súbita,
el mar reparte el sonido del corazón,
lloviendo, atardeciendo, en una costa sola:
la noche cae sin duda,
y su lúgubre azul de estandarte en naufragio
se puebla de planetas de plata enronquecida.
Y suena el corazón como un caracol agrio,
llama, oh mar, oh lamento, oh derretido espanto
esparcido en desgracias y olas desvencijadas:
de lo sonoro el mar acusa
sus sombras recostadas, sus amapolas verdes.

Si existieras de pronto, en una costa lúgubre,
rodeada por el día muerto,
frente a una nueva noche,
llena de olas,
y soplaras en mi corazón de miedo frío,
soplaras en la sangre sola de mi corazón,
soplaras en su movimiento de paloma con llamas,
sonarían sus negras sílabas de sangre,
crecerían sus incesantes aguas rojas,
y sonaría, sonaría a sombras,
sonaría como la muerte,
llamaría como un tubo lleno de viento o llanto,
o una botella echando espanto a borbotones.

Así es, y los relámpagos cubrirían tus trenzas
y la lluvia entraría por tus ojos abiertos
a preparar el llanto que sordamente encierras,
y las alas negras del mar girarían en torno
de ti, con grandes garras, y graznidos y vuelos.

Quieres ser el fantasma que sople, solitario,
cerca del mar su estéril, triste instrumento?
Si solamente llamaras,
su prolongado son, su maléfico pito,
su orden de olas heridas,
alguien vendría acaso,
alguien vendría,
desde las cimas de las islas, desde el fondo rojo del mar,
alguien vendría, alguien vendría.

Alguien vendría, sopla con furia,
que suene como sirena de barco roto,
como lamento,
como un relincho en medio de la espuma y la sangre,
como un agua feroz mordiéndose y sonando.

En la estación marina
su caracol de sombra circula como un grito,
los pájaros del mar lo desestiman y huyen,
sus listas de sonido, sus lúgubres barrotes
se levantan a orillas del océano solo.

MELANCOLIA EN LAS FAMILIAS

Conservo un frasco azul,
dentro de él una oreja y un retrato:
cuando la noche obliga
a las plumas del buho,
cuando el ronco cerezo
se destroza los labios y amenaza
con cáscaras que el viento del océano a menudo perfora,
yo sé que hay grandes extensiones hundidas,
cuarzo en lingotes,
cieno,
aguas azules para una batalla,
mucho silencio, muchas
vetas de retrocesos y alcanfores,
cosas caídas, medallas, ternuras,
paracaídas, besos.

No es sino el paso de un día hacia otro,
una sola botella andando por los mares,
y un comedor adonde llegan rosas,
un comedor abandonado
como una espina: me refiero
a una copa trizada, a una cortina, al fondo
de una sala desierta por donde pasa un río
arrastrando las piedras. Es una casa
situada en los cimientos de la lluvia,
una casa de dos pisos con ventanas obligatorias
y enredaderas estrictamente fieles.

Voy por las tardes, llego
lleno de lodo y muerte,
arrastrando la tierra y sus raíces,
y su vaga barriga en donde duermen

cadáveres con trigo,
metales, elefantes derrumbados.

Pero por sobre todo hay un terrible,
un terrible comedor abandonado,
con las alcuzas rotas
y el vinagre corriendo debajo de las sillas,
un rayo detenido de la luna,
algo oscuro, y me busco
una comparación dentro de mí:
tal vez es una tienda rodeada por el mar
y paños rotos goteando salmuera.
Es sólo un comedor abandonado,
y alrededor hay extensiones,
fábricas sumergidas, maderas
que sólo yo conozco,
porque estoy triste y viajo,
y conozco la tierra, y estoy triste.

ALBERTO ROJAS JIMENEZ VIENE VOLANDO

Entre plumas que asustan, entre noches,
entre magnolias, entre telegramas,
entre el viento del Sur y el Oeste marino,
vienes volando.

Bajo las tumbas, bajo las cenizas,
bajo los caracoles congelados,
bajo las últimas aguas terrestres,
vienes volando.

Más abajo, entre niñas sumergidas,
y plantas ciegas, y pescados rotos,
más abajo, entre nubes otra vez,
vienes volando.

Más allá de la sangre y de los huesos,
más allá del pan, más allá del vino,
más allá del fuego
vienes volando.

Más allá del vinagre y de la muerte,
entre putrefacciones y violetas,
con tu celeste voz y tus zapatos húmedos,
vienes volando.

Sobre diputaciones y farmacias,
y ruedas, y abogados, y navíos,
y dientes rojos recién arrancados,
vienes volando.

Sobre ciudades de tejado hundido
en que grandes mujeres se destrenzan

con anchas manos y peines perdidos,
vienes volando.

Junto a bodegas donde el vino crece
con tibias manos turbias, en silencio,
con lentas manos de madera roja,
vienes volando.

Entre aviadores desaparecidos,
al lado de canales y de sombras,
al lado de azucenas enterradas,
vienes volando.

Entre botellas de color amargo,
entre anillos de anís y desventura,
levantando las manos y llorando,
vienes volando.

Sobre dentistas y congregaciones,
sobre cines, y túneles y orejas,
con traje nuevo y ojos extinguidos,
vienes volando.

Sobre tu cementerio sin paredes
donde los marineros se extravían,
mientras la lluvia de tu muerte cae,
vienes volando.

Mientras la lluvia de tus dedos cae,
mientras la lluvia de tus huesos cae,
mientras tu médula y tu risa caen,
vienes volando.

Sobre las piedras en que te derrites,
corriendo, invierno abajo, tiempo abajo,

mientras tu corazón desciende en gotas,
vienes volando.

No estás allí, rodeado de cemento,
y negros corazones de notarios,
y enfurecidos huesos de jinetes:
vienes volando.

Oh amapola marina, oh deudo mío,
oh guitarrero vestido de abejas,
no es verdad tanta sombra en tus cabellos:
vienes volando.

No es verdad tanta sombra persiguiéndote,
no es verdad tantas golondrinas muertas,
tanta región oscura con lamentos:
vienes volando.

El viento negro de Valparaíso
abre sus alas de carbón y espuma
para barrer el cielo donde pasas:
vienes volando.

Hay vapores, y un frío de mar muerto,
y silbatos, y meses, y un olor
de mañana lloviendo y peces sucios:
vienes volando.

Hay ron, tú y yo, y mi alma donde lloro,
y nadie, y nada, sino una escalera
de peldaños quebrados, y un paraguas:
vienes volando.

Allí está el mar. Bajo de noche y te oigo
venir volando bajo el mar sin nadie,

bajo el mar que me habita, oscurecido:
vienes volando.

Oigo tus alas y tu lento vuelo,
y el agua de los muertos me golpea
como palomas ciegas y mojadas:
vienes volando.

Vienes volando, solo solitario,
solo entre muertos, para siempre solo,
vienes volando sin sombra y sin nombre,
sin azúcar, sin boca, sin rosales,
vienes volando.

de
ESPAÑA
EN EL CORAZON

EXPLICO ALGUNAS COSAS

Preguntaréis: Y dónde están las lilas?
Y la metafísica cubierta de amapolas?
Y la lluvia que a menudo golpeaba
sus palabras llenándolas
de agujeros y pájaros?

Os voy a contar todo lo que me pasa.

Yo vivía en un barrio
de Madrid, con campanas,
con relojes, con árboles.

Desde allí se veía
el rostro seco de Castilla
como un océano de cuero.

Mi casa era llamada
la casa de las flores, porque por todas partes
estallaban geranios: era
una bella casa
con perros y chiquillos.
Raúl, te acuerdas?
Te acuerdas, Rafael?
Federico, te acuerdas
debajo de la tierra,
te acuerdas de mi casa con balcones en donde
la luz de junio ahogaba flores en tu boca?
Hermano, hermano!

Todo
eran grandes voces, sal de mercaderías,
aglomeraciones de pan palpitante,

mercados de mi barrio de Argüelles con su estatua
como un tintero pálido entre las merluzas:
el aceite llegaba a las cucharas,
un profundo latido
de pies y manos llenaba las calles,
metros, litros, esencia
aguda de la vida,
pescados hacinados,
contextura de techos con sol frío en el cual
la flecha se fatiga,
delirante marfil fino de las patatas,
tomates repetidos hasta el mar.

Y una mañana todo estaba ardiendo
y una mañana las hogueras
salían de la tierra
devorando seres,
y desde entonces fuego,
pólvora desde entonces,
y desde entonces sangre.

Bandidos con aviones y con moros,
bandidos con sortijas y duquesas,
bandidos con frailes negros bendiciendo
venían por el cielo a matar niños,
y por las calles la sangre de los niños
corría simplemente como sangre de niños.

Chacales que el chacal rechazaría,
piedras que el cardo seco mordería escupiendo,
víboras que las víboras odiaran!

Frente a vosotros he visto la sangre
de España levantarse

para ahogaros en una sola ola
de orgullo y de cuchillos!

Generales
traidores:
mirad mi casa muerta,
mirad España rota:
pero de cada casa muerta sale metal ardiendo
en vez de flores,
pero de cada hueco de España
sale España,
pero de cada niño muerto sale un fusil con ojos,
pero de cada crimen nacen balas
que os hallarán un día el sitio
del corazón.

Preguntaréis por qué su poesía
no nos habla del sueño, de las hojas,
de los grandes volcanes de su país natal?

Venid a ver la sangre por las calles,
venid a ver
la sangre por las calles,
venid a ver la sangre
por las calles!

PAISAJE DESPUES DE UNA BATALLA

Mordido espacio, tropa restregada
contra los cereales, herraduras
rotas, heladas entre escarcha y piedras,
áspera luna.

Luna de yegua herida, calcinada,
envuelta en agotadas espinas, amenazante, hundido
metal o hueso, ausencia, paño amargo,
humo de enterradores.

Detrás del agrio nimbo de nitratos,
de substancia en substancia, de agua en agua,
rápidos como trigo desgranado,
quemados y comidos.

Casual corteza suavemente suave,
negra ceniza ausente y esparcida,
ahora sólo frío sonoro, abominables
materiales de lluvia.

Guárdenlo mis rodillas enterrado
más que este fugitivo territorio,
agárrenlo mis párpados hasta nombrar y herir,
guarde mi sangre este sabor de sombra
para que no haya olvido.

de
CANTO GENERAL

DESCUBRIDORES DE CHILE

Del Norte trajo Almagro su arrugada centella.
Y sobre el territorio, entre explosión y ocaso,
se inclinó día y noche como sobre una carta.
Sombra de espinas, sombra de cardo y cera,
el español reunido con su seca figura,
mirando las sombrías estrategias del suelo.
Noche, nieve y arena hacen la forma
de mi delgada patria,
todo el silencio está en su larga línea,
toda la espuma sale de su barba marina,
todo el carbón la llena de misteriosos besos.
Como una brasa el oro arde en sus dedos
y la plata ilumina como una luna verde
su endurecida forma de tétrico planeta.
El español sentado junto a la rosa un día,
junto al aceite, junto al vino, junto al antiguo cielo
no imaginó este punto de colérica piedra
nacer bajo el estiércol del águila marina.

ERCILLA

Piedras de Arauco y desatadas rosas
fluviales, territorios de raíces,
se encuentran con el hombre que ha llegado de España.
Invaden su armadura con gigantesco liquen.
Atropellan su espada las sombras del helecho.
La yedra original pone manos azules
en el recién llegado silencio del planeta.
Hombre, Ercilla sonoro, oigo el pulso del agua
de tu primer amanecer, un frenesí de pájaros
y un trueno en el follaje.
Deja, deja tu huella
de águila rubia, destroza
tu mejilla contra el maíz salvaje,
todo será en la tierra devorado.
Sonoro, sólo tú no beberás la copa
de sangre, sonoro, sólo al rápido
fulgor de ti nacido
llegará la secreta boca del tiempo en vano
para decirte: en vano.
En vano, en vano
sangre por los ramajes de cristal salpicado,
en vano por las noches del puma
el desafiante paso del soldado,
las órdenes,
los pasos
del herido.
Todo vuelve al silencio coronado de plumas
en donde un rey remoto devora enredaderas.

EDUCACION DEL CACIQUE

Lautaro era una flecha delgada.
Elástico y azul fue nuestro padre.
Fue su primera edad sólo silencio.
Su adolescencia fue dominio.
Su juventud fue un viento dirigido.
Se preparó como una larga lanza.
Acostumbró los pies en las cascadas.
Educó la cabeza en las espinas.
Ejecutó las pruebas del guanaco.
Vivió en las madrigueras de la nieve.
Acechó la comida de las águilas.
Arañó los secretos del peñasco.
Entretuvo los pétalos del fuego.
Se amamantó de primavera fría.
Se quemó en las gargantas infernales.
Fue cazador entre las aves crueles.
Se tiñeron sus mantos de victorias.
Leyó las agresiones de la noche.
Sostuvo los derrumbes del azufre.

Se hizo velocidad, luz repentina.

Tomó las lentitudes del otoño.
Trabajó en las guaridas invisibles.
Durmió en las sábanas del ventisquero.
Igualó la conducta de las flechas.
Bebió la sangre agreste en los caminos.
Arrebató el tesoro de las olas.
Se hizo amenaza como un dios sombrío.
Comió en cada cocina de su pueblo.
Aprendió el alfabeto del relámpago.
Olfateó las cenizas esparcidas.
Envolvió el corazón con pieles negras.

Descifró el espiral hilo del humo.
Se construyó de fibras taciturnas.
Se aceitó como el alma de la oliva.
Se hizo cristal de transparencia dura.
Estudió para viento huracanado.
Se combatió hasta apagar la sangre.

Sólo entonces fue digno de su pueblo.

BERNARDO O'HIGGINS RIQUELME (1810)

O'Higgins, para celebrarte
a media luz hay que alumbrar la sala.
A media luz del sur en otoño
con temblor infinito de álamos.

Eres Chile, entre patriarca y huaso,
eres un poncho de provincia, un niño
que no sabe su nombre todavía,
un niño férreo y tímido en la escuela,
un jovencito triste de provincia.
En Santiago te sientes mal, te miran
el traje negro que te queda largo,
y al cruzarte la banda, la bandera
de la patria que nos hiciste,
tenía olor de yuyo matutino
para tu pecho de estatua campestre.

Joven, tu profesor Invierno
te acostumbró a la lluvia
y en la Universidad de las calles de Londres
la niebla y la pobreza te otorgaron sus títulos,
y un elegante pobre, errante incendio
de nuestra libertad,
te dio consejos de águila prudente
y te embarcó en la Historia.

"Cómo se llama Ud.", reían
los "caballeros" de Santiago:
hijo de amor, de una noche de invierno,
tu condición de abandonado
te construyó con argamasa agreste,
con seriedad de casa o de madera
trabajada en el Sur, definitiva.

Todo lo cambia el tiempo, todo menos tu rostro.

Eres, O'Higgins, reloj invariable
con una sola hora en tu cándida esfera:
la hora de Chile, el único minuto
que permanece en el horario rojo
de la dignidad combatiente.

Así estarás igual entre los muebles
de palisandro y las hijas de Santiago,
que rodeado en Rancagua por la muerte y la pólvora.

Eres el mismo sólido retrato
de quien no tiene padre sino patria,
de quien no tiene novia sino aquella
tierra con azahares
que te conquistará la artillería.

Te veo en el Perú escribiendo cartas.
No hay desterrado igual, mayor exilio.
Es toda la provincia desterrada.

Chile se iluminó como un salón
cuando no estabas. En derroche,
un rigodón de ricos substituye
tu disciplina de soldado ascético,
y la patria ganada por tu sangre
sin ti fue gobernada como un baile
que mira el pueblo hambriento desde fuera.

Ya no podías entrar en la fiesta
con sudor, sangre y polvo de Rancagua.
Hubiera sido de mal tono
para los caballeros capitales.
Hubiera entrado contigo el camino,

un olor de sudor y de caballos,
el olor de la patria en primavera.

No podías estar en este baile.
Tu fiesta fue un castillo de explosiones.
Tu baile desgreñado es la contienda.
Tu fin de fiesta fue la sacudida
de la derrota, el porvenir aciago
hacia Mendoza, con la patria en brazos.

Ahora mira en el mapa hacia abajo,
hacia el delgado cinturón de Chile
y coloca en la nieve soldaditos,
jóvenes pensativos en la arena,
zapadores que brillan y se apagan.

Cierra los ojos, duerme, sueña un poco,
tu único sueño, el único que vuelve
hacia tu corazón: una bandera
de tres colores en el Sur, cayendo
la lluvia, el sol rural sobre tu tierra,
los disparos del pueblo en rebeldía
y dos o tres palabras tuyas cuando
fueran estrictamente necesarias.
Si sueñas, hoy tu sueño está cumplido.
Suéñalo, por lo menos, en la tumba.
No sepas nada más porque, como antes,
después de las batallas victoriosas,
bailan los señoritos en Palacio
y el mismo rostro hambriento
mira desde la sombra de las calles.

Pero hemos heredado tu firmeza,
tu inalterable corazón callado,
tu indestructible posición paterna,

y tú, entre la avalancha cegadora
de húsares del pasado, entre los ágiles
uniformes azules y dorados,
estás hoy con nosotros, eres nuestro,
padre del pueblo, inmutable soldado.

HIMNO Y REGRESO (1939)

Patria, mi patria, vuelvo hacia ti la sangre.
Pero te pido, como a la madre el niño
lleno de llanto.
Acoge
esta guitarra ciega
y esta frente perdida.
Salí a encontrarte hijos por la tierra,
salí a cuidar caídos con tu nombre de nieve,
salí a hacer una casa con tu madera pura,
salí a llevar tu estrella a los héroes heridos.

Ahora quiero dormir en tu substancia.
Dame tu clara noche de penetrantes cuerdas,
tu noche de navío, tu estatura estrellada.

Patria mía: quiero mudar de sombra.
Patria mía: quiero cambiar de rosa.
Quiero poner mi brazo en tu cintura exigua
y sentarme en tus piedras por el mar calcinadas,
a detener el trigo y mirarlo por dentro.
Voy a escoger la flora delgada del nitrato,
voy a hilar el estambre glacial de la campana,
y mirando tu ilustre y solitaria espuma
un ramo litoral tejeré a tu belleza.

Patria, mi patria
toda rodeada de agua combatiente
y nieve combatida,
en ti se junta el águila al azufre,
y en tu antártica mano de armiño y de zafiro
una gota de pura luz humana
brilla encendiendo el enemigo cielo.

Guarda tu luz, oh patria!, mantén
tu dura espiga de esperanza en medio
del ciego aire temible.
En tu remota tierra ha caído toda esta luz difícil,
este destino de los hombres,
que te hace defender una flor misteriosa
sola, en la inmensidad de América dormida.

QUIERO VOLVER AL SUR (1941)

Enfermo en Veracruz, recuerdo un día
del Sur, mi tierra, un día de plata
como un rápido pez en el agua del cielo.
Loncoche, Lonquimay, Carahue, desde arriba
esparcidos, rodeados por silencio y raíces,
sentados en sus tronos de cueros y maderas.
El Sur es un caballo echado a pique
coronado con lentos árboles y rocío,
cuando levanta el verde hocico caen las gotas,
la sombra de su cola moja el gran archipiélago
y en su intestino crece el carbón venerado.
Nunca más, dime, sombra, nunca más, dime, mano,
nunca más, dime, pie, puerta, pierna, combate,
trastornarás la selva, el camino, la espiga,
la niebla, el frío, lo que, azul, determinaba
cada uno de tus pasos sin cesar consumidos?
Cielo, déjame un día de estrella a estrella irme
pisando luz y pólvora, destrozando mi sangre
hasta llegar al nido de la lluvia!
Quiero ir
detrás de la madera por el río
Toltén fragante, quiero salir de los aserraderos,
entrar en las cantinas con los pies empapados,
guiarme por la luz del avellano eléctrico,
tenderme junto al excremento de las vacas,
morir y revivir mordiendo trigo.
Océano, tráeme
un día del Sur, un día agarrado a tus olas,
un día de árbol mojado trae un viento
azul polar a mi bandera fría!

MANUEL RODRIGUEZ

CUECA

Señora, dicen que donde,
mi madre dicen, dijeron,
el agua y el viento dicen
que vieron al guerrillero.

VIDA Puede ser un obispo,
puede y no puede,
puede ser sólo el viento
sobre la nieve:
sobre la nieve, sí,
madre, no mires,
que viene galopando
Manuel Rodríguez.
Ya viene el guerrillero
por el estero.

CUECA

PASIÓN Saliendo de Melipilla,
corriendo por Talagante,
cruzando por San Fernando,
amaneciendo en Pomaire.

Pasando por Rancagua,
por San Rosendo,
por Cauquenes, por Chena,
por Nacimiento:
por Nacimiento, sí,
desde Chiñigüe,
por todas partes viene
Manuel Rodríguez.

Pásale este clavel.
Vamos con él.

CUECA

Que se apague la guitarra,
que la patria está de duelo.
Nuestra tierra se oscurece.
Mataron al guerrillero.

Y MUERTE En Til-Til lo mataron
los asesinos,
su espalda está sangrando
sobre el camino:
sobre el camino, sí.

Quién lo diría,
él que era nuestra sangre,
nuestra alegría.

La tierra está llorando.
Vamos callando.

TALABARTERA

Para mí esta montura dibujada
como pesada rosa en plata y cuero,
suave de hondura, lisa y duradera.
Cada recorte es una mano, cada
costura es una vida, en ella vive
la unidad de las vidas forestales,
una cadena de ojos y caballos.
Los granos de la avena la formaron,
la hicieron dura matorrales y agua,
la cosecha opulenta le dio orgullo,
metal y tafiletes trabajados:
y así de desventuras y dominio
este trono salió por las praderas.

ALFARERIA

Torpe paloma, alcancía de greda,
en tu lomo de luto un signo, apenas
algo que te descifra. Pueblo mío,
cómo con tus dolores a la espalda,
apaleado y rendido, cómo fuiste
acumulando ciencia deshojada?
Prodigio negro, mágica materia
elevada a la luz por dedos ciegos,
mínima estatua en que lo más secreto
de la tierra nos abre sus idiomas,
cántaro de Pomaire en cuyo beso
tierra y piel se congregan, infinitas
formas del barro, luz de las vasijas,
la forma de una mano que fue mía,
el paso de una sombra que me llama,
sois reunión de sueños escondidos,
cerámica, paloma indestructible!

MARES DE CHILE

En lejanas regiones
tus pies de espuma, tu esparcida orilla
regué con llanto desterrado y loco.

Hoy a tu boca vengo, hoy a tu frente.

No al coral sanguinario, no a la quemada estrella,
ni a las incandescentes y derribadas aguas
entregué el respetuoso secreto, ni la sílaba.
Guardé tu voz enfurecida, un pétalo
de tutelar arena
entre los muebles y los viejos trajes.

Un polvo de campanas, una mojada rosa.

Y muchas veces era el agua misma
de Arauco, el agua dura:
pero yo conservaba mi sumergida piedra
y en ella, el palpitante sonido de tu sombra.

Oh, mar de Chile, oh, agua
alta y ceñida como aguda hoguera,
presión y sueño y uñas de zafiro,
oh, terremoto de sal y leones!
Vertiente, origen, costa
del planeta, tus párpados
abren el mediodía de la tierra
atacando el azul de las estrellas.
La sal y el movimiento se desprenden de ti
y reparten océano a las grutas del hombre
hasta que más allá de las islas tu peso
rompe y extiende un ramo de substancias totales.

Mar del desierto norte, mar que golpea el cobre
y adelanta la espuma hacia la mano
del áspero habitante solitario,
entre alcatraces, rocas de frío sol y estiércol,
costa quemada al paso de una aurora inhumana!

Mar de Valparaíso, ola
de luz sola y nocturna,
ventana del océano
en que se asoma
la estatua de mi patria
viendo con ojos todavía ciegos.

Mar del Sur, mar, océano,
mar, luna misteriosa,
por Imperial aterrador de robles,
por Chiloé a la sangre asegurado
y desde Magallanes hasta el límite
todo el silbido de la sal, toda la luna loca,
y el estelar caballo desbocado del hielo.

de ODAS ELEMENTALES y NUEVAS ODAS ELEMENTALES

ODA AL AIRE

Andando en un camino
encontré al aire,
lo saludé y le dije
con respeto:
"Me alegro
de que por una vez
dejes tu transparencia,
así hablaremos".
El incansable,
bailó, movió las hojas,
sacudió con su risa
el polvo de mis suelas,
y levantando toda
su azul arboladura,
su esqueleto de vidrio,
sus párpados de brisa,
inmóvil como un mástil
se mantuvo escuchándome.
Yo le besé su capa
de rey del cielo,
me envolví en su bandera
de seda celestial
y le dije:
monarca o camarada,
hilo, corola o ave,
no sé quién eres, pero
una cosa te pido,
no te vendas.
El agua se vendió
y de las cañerías
en el desierto
he visto

terminarse las gotas
y el mundo pobre, el pueblo
caminar con su sed
tambaleando en la arena.
Vi la luz de la noche
racionada,
la gran luz en la casa
de los ricos.
Todo es aurora en los
nuevos jardines suspendidos,
todo es oscuridad
en la terrible
sombra del callejón.
De allí la noche,
madre madrastra,
sale
con un puñal en medio
de sus ojos de búho,
y un grito, un crimen,
se levantan y apagan
tragados por la sombra.
No, aire,
no te vendas,
que no te canalicen,
que no te entuben,
que no te encajen

ni te compriman,
que no te hagan tabletas,
que no te metan en una botella,
cuidado!,
llámame,
cuando me necesites,
yo soy el poeta hijo
de pobres, padre, tío,
primo, hermano carnal
y concuñado
de los pobres, de todos,
de mi patria y las otras,
de los pobres que viven junto al río,
y de los que en la altura
de la vertical cordillera
pican piedra,
clavan tablas,
cosen ropa,
cortan leña,
muelen tierra,
y por eso
yo quiero que respiren,
tú eres lo único que tienen,
por eso eres
transparente,
para que vean
lo que vendrá mañana,
por eso existes,
aire,
déjate respirar,
no te encadenes,
no te fíes de nadie
que venga en automóvil
a examinarte,
déjalos,

ríete de ellos,
vuélales el sombrero,
no aceptes
sus proposiciones,
vamos juntos
bailando por el mundo,
derribando las flores
del manzano,
entrando en las ventanas,
silbando juntos,
silbando
melodías
de ayer y de mañana,
ya vendrá un día
en que libertaremos
la luz y el agua,
la tierra, el hombre,
y todo para todos
será, como tú eres.
Por eso, ahora,
cuidado!
y ven conmigo,
nos queda mucho
que bailar y cantar,
vamos
a lo largo del mar,
a lo alto de los montes,
vamos
donde esté floreciendo
la nueva primavera
y en un golpe de viento
y canto
repartamos las flores,
el aroma, los frutos,
el aire
de mañana.

ODA AL DICCIONARIO

Lomo de buey, pesado
cargador, sistemático
libro espeso:
de joven
te ignoré, me vistió
la suficiencia
y me creí repleto,
y orondo como un
melancólico sapo
dictaminé: "Recibo
las palabras
directamente
del Sinaí bramante.
Reduciré
las formas a la alquimia.
Soy mago".

El gran mago callaba.

El Diccionario,
viejo y pesado, con su chaquetón
de pellejo gastado,
se quedó silencioso
sin mostrar sus probetas.

Pero un día,
después de haberlo usado
y desusado,
después
de declararlo
inútil y anacrónico camello,
cuando por largos meses, sin protesta,
me sirvió de sillón

y de almohada,
se rebeló y plantándose
en mi puerta
creció, movió sus hojas
y sus nidos,
movió la elevación de su follaje:
árbol
era,
natural,
generoso
manzano, manzanar o *manzanero*,
y las palabras
brillaban en su copa inagotable,
opacas o sonoras,
fecundas en la fronda del lenguaje,
cargadas de verdad y de sonido.

Aparto una
sola de
sus
páginas:
Caporal
Capuchón,
qué maravilla
pronunciar estas sílabas
con aire,
y más abajo
Cápsula
hueca, esperando aceite o ambrosía,
y junto a ellas
Captura, Capucete Capuchina
Caprario Captatorio
palabras
que se deslizan como suaves uvas
o que a la luz estallan

como gérmenes ciegos que esperaron
en las bodegas del vocabulario
y viven otra vez y dan la vida:
una vez más el corazón las quema.

Diccionario, no eres
tumba, sepulcro, féretro,
túmulo, mausoleo,
sino preservación,
fuego escondido,
plantación de rubíes,
perpetuidad viviente
de la esencia,
granero del idioma.
Y es hermoso
recoger en tus filas
la palabra
de estirpe,
la severa
y olvidada
sentencia,
hija de España,
endurecida
como reja de arado,
fija en su límite
de anticuada herramienta,
preservada
con su hermosura exacta
y su dureza de medalla.
O la otra
palabra
que allí vimos perdida
entre renglones
y que de pronto
se hizo sabrosa y lisa en nuestra boca

como una almendra
o tierna como un higo.

Diccionario, una mano
de tus mil manos, una
de tus mil esmeraldas,
una
sola
gota
de tus vertientes virginales,
un grano
de
tus
magnánimos graneros
en el momento
justo
a mis labios conduce,
al hilo de mi pluma,
a mi tintero.
De tu espesa y sonora
profundidad de selva,
dame,
cuando lo necesite,
un solo trino, el lujo

de una abeja,
un fragmento caído
de tu antigua madera perfumada
por una eternidad de jazmineros,
una
sílaba,
un temblor, un sonido,
una semilla:
de tierra soy y con palabras canto.

ODA AL NIÑO DE LA LIEBRE

A la luz del otoño
en el camino
el niño
levantaba en sus manos
no una flor
ni una lámpara
sino una liebre muerta.

Los motores rayaban
la carretera fría,
los rostros no miraban
detrás
de los cristales,
eran ojos
de hierro,
orejas
enemigas,
rápidos dientes
que relampagueaban
resbalando
hacia el mar y las ciudades,
y el niño
del otoño
con su liebre,
huraño
como un cardo,
duro
como una piedrecita,
allí
levantando
una mano
hacia la exhalación
de los viajeros.

Nadie
se detenía.

Eran pardas
las altas cordilleras,
cerros
color de puma
perseguido,
morado
era
el silencio
y como
dos ascuas
de diamante
negro
eran
los ojos
del niño con su liebre,
dos puntas
erizadas
de cuchillo,
dos cuchillitos negros,
eran los ojos
del niño,
allí perdido
ofreciendo su liebre
en el inmenso
otoño
del camino.

de
CIEN SONETOS DE AMOR

SONETO XXVII

DESNUDA ERES TAN SIMPLE COMO UNA DE TUS MANOS,
lisa, terrestre, mínima, redonda, transparente,
tienes líneas de luna, caminos de manzana,
desnuda eres delgada como el trigo desnudo.

Desnuda eres azul como la noche en Cuba,
tienes enredaderas y estrellas en el pelo,
desnuda eres enorme y amarilla
como el verano en una iglesia de oro.

Desnuda eres pequeña como una de tus uñas,
curva, sutil, rosada hasta que nace el día
y te metes en el subterráneo del mundo

como en un largo túnel de trajes y trabajos:
tu claridad se apaga, se viste, se deshoja
y otra vez vuelve a ser una mano desnuda.

SONETO XLVIII

DOS AMANTES DICHOSOS HACEN UN SOLO PAN,
una sola gota de luna en la hierba,
dejan andando dos sombras que se reúnen,
dejan un solo sol vacío en una cama.

De todas las verdades escogieron el día:
no se ataron con hilos sino con un aroma,
y no despedazaron la paz ni las palabras.
La dicha es una torre transparente.

El aire, el vino van con los dos amantes,
la noche les regala sus pétalos dichosos,
tienen derecho a todos los claveles.

Dos amantes dichosos no tienen fin ni muerte,
nacen y mueren muchas veces mientras viven,
tienen la eternidad de la naturaleza.

SONETO LXVI

NO TE QUIERO SINO PORQUE TE QUIERO
y de quererte a no quererte llego
y de esperarte cuando no te espero
pasa mi corazón del frío al fuego.

Te quiero sólo porque a ti te quiero,
te odio sin fin, y odiándote te ruego,
y la medida de mi amor viajero
es no verte y amarte como un ciego.

Tal vez consumirá la luz de enero,
su rayo cruel, mi corazón entero,
robándome la llave del sosiego.

En esta historia sólo yo me muero
y moriré de amor porque te quiero,
porque te quiero, amor, a sangre y fuego.

SONETO LXVIII

(Mascarón de Proa)

LA NIÑA DE MADERA NO LLEGO CAMINANDO:
allí de pronto estuvo sentada en los ladrillos,
viejas flores del mar cubrían su cabeza,
su mirada tenía tristeza de raíces.

Allí quedó mirando nuestras vidas abiertas,
el ir y ser y andar y volver por la tierra,
el día destiñendo sus pétalos graduales.
Vigilaba sin vernos la niña de madera.

La niña coronada por las antiguas olas,
allí miraba con sus ojos derrotados:
sabía que vivimos en una red remota

de tiempo y agua y olas y sonidos y lluvia,
sin saber si existimos o si somos su sueño.
Ésta es la historia de la muchacha de madera.

SONETO LXIX

TAL VEZ NO SER ES SER SIN QUE TU SEAS,
sin que vayas cortando el mediodía
como una flor azul, sin que camines
más tarde por la niebla y los ladrillos,

sin esa luz que llevas en la mano
que tal vez otros no verán dorada,
que tal vez nadie supo que crecía
como el origen rojo de la rosa,

sin que seas, en fin, sin que vinieras
brusca, incitante, a conocer mi vida,
ráfaga de rosal, trigo del viento,

y desde entonces soy porque tú eres,
y desde entonces eres, soy y somos,
y por amor seré, serás, seremos.

SONETO LXXXVI

OH CRUZ DEL SUR, OH TREBOL DE FOSFORO FRAGANTE,
con cuatro besos hoy penetró tu hermosura
y atravesó la sombra y mi sombrero:
la luna iba redonda por el frío.

Entonces con mi amor, con mi amada, oh diamantes
de escarcha azul, serenidad del cielo,
espejo, apareciste y se llenó la noche
con tus cuatro bodegas temblorosas de vino.

Oh palpitante plata de pez pulido y puro,
cruz verde, perejil de la sombra radiante,
luciérnaga a la unidad del cielo condenada,

descansa en mí, cerremos tus ojos y los míos.
Por un minuto duerme con la noche del hombre.
Enciende en mí tus cuatro números constelados.

de
MEMORIAL DE ISLA NEGRA

LA MAMADRE

La mamadre viene por ahí,
con zuecos de madera. Anoche
sopló el viento del Polo, se rompieron
los tejados, se cayeron
los muros y los puentes,
aulló la noche entera con sus pumas,
y ahora, en la mañana
de sol helado, llega
mi mamadre doña
Trinidad Marverde,
dulce como la tímida frescura
del sol en las regiones tempestuosas,
lamparita
menuda y apagándose,
encendiéndose
para que todos vean el camino.

Oh dulce mamadre
—nunca pude
decir madrastra—
ahora
mi boca tiembla para definirte,
porque apenas
abrí el entendimiento
vi la bondad vestida de pobre trapo oscuro,
la santidad más útil:
la del agua y la harina,
y eso fuiste: la vida te hizo pan
y allí te consumimos,
invierno largo a invierno desolado
con las goteras dentro
de la casa

y tu humildad ubicua
desgranando
el áspero
cereal de la pobreza
como si hubieras ido
repartiendo
un río de diamantes.

Ay mamá cómo pude
vivir sin recordarte
cada minuto mío?
No es posible. Yo llevo
tu Marverde en mi sangre,
el apellido
del pan que se reparte,
de aquellas
dulces manos
que cortaron del saco de la harina
los calzoncillos de mi infancia,
de la que cocinó, planchó, lavó,
sembró, calmó la fiebre,
y cuando todo estuvo hecho,
y ya podía

yo sostenerme con los pies seguros,
se fue, cumplida, oscura,
al pequeño ataúd
donde por vez primera estuvo ociosa
bajo la dura lluvia de Temuco.

ALGUNAS REFERENCIAS NERUDIANAS PARA ESTA ANTOLOGIA

Jaime Quezada

De la poderosa geografía del sur de Chile viene, en gran parte, la obra vivencial de Pablo Neruda (1904-1973). Allí, en ese paisaje de naturaleza y lluvia, nace a la vida y a la poesía. De Parral, su verdadera ciudad natal, no quedará nada en su memoria. Tan pronto nace, muere su madre (Rosa Basoalto). Y tan pronto, también, es llevado por su padre (el conductor de trenes José del Carmen Reyes) a la ciudad de Temuco, en el corazón mismo de la Araucanía. De esta región, llamada de la Frontera, quedará poderosamente impregnada su poesía. Días de verano sobre la avena, ciruelas que cayendo al suelo se pudren, casas con ventanas que dan a la lluvia. Toda una relación inicial con las cosas materiales, con la entrada a la madera, con la humedad boscosa de la selva. En esas atmósferas y realidades Neruda encontrará desde muy temprano, y para siempre, su delirante y maravillador alfabeto: "Sigue lloviendo dentro de mí como hace tantos años en Temuco", dirá el poeta hacia los años finales de su vida.

Temuco será entonces su infancia y adolescencia, delgado y pálido niño de provincia. Como Santiago de Chile su juventud y su estirón entre estudios, bohemia y acciones compartidas. Y luego el mundo en un mapa incesante de navegaciones. Y los tantos regresos a su país natal en un leer la patria sin separar los ojos del largo territorio. De cada uno de estos ires y venires, su obra, a su vez, haciéndose y rehaciéndose en su personalísima escritura.

La selección antológica de este volumen recoge, precisamente, poemas de los más importantes y trascendentes libros de Pablo

Neruda, y revela las distintas etapas cíclicas y cronológicas de vida y obra del autor. Una relación también que abarca en toda su representatividad la sorprendente y vitalísima temática nerudiana: el amor, la naturaleza, lo geográfico, lo histórico, lo social, las materias, lo memorial. Así, de lo más menudo y humilde (una castaña, por ejemplo, o una liebre en las manos de un niño) a lo más sublime y total (un soneto a su mujer amada o un canto a Machu Picchu) será verso y proyección en la obra íntima, telúrica, cósmica y universal de Neruda. No hay cosa que exista en la tierra y en el espacio que esté ajena a su creación. El poeta habla de la manzana, de los zapatos, de la cuchara, del océano, de la piedra, del hombre. Y todo en un estremecimiento vivencial y humano, ancestral y ceremonioso en el fundamento y ritualidad de su obra plena.

Neruda, que tiene una concepción romántica de la existencia, será fiel a su quehacer poético desde uno de sus primeros y fervorosos libros: *Crepusculario* (Ediciones Claridad, Santiago, 1923). El poeta no llega todavía a los veinte años de edad. Recién dejaba sus lugares geográficos sureños para vivir en Santiago como estudiante de francés en el Instituto Pedagógico de la Universidad de Chile. Encerrado en una pensión de la calle Maruri, Neruda escribe los poemas de este libro. "El poeta vestido de luto escribe temblorosamente muy solitario", se contará a sí mismo el autor. Es la época que viste de negro y luce con orgullo su elegante capa ferroviaria. *Crepusculario* (título que viene de las impactantes puestas de sol santiaguinas) es un libro con atmósferas a amores primeros, a fragancia de lilas, a desaliento adolescente. Una especie de diario de cuanto acontecía dentro y fuera del mundo del poeta, el mundo íntimo (poema *Sensación de olor*) y el circundante (*Aromos rubios en los campos de Loncoche*). Poemas escritos con los instintos que remuerden, los impulsos que amenazan, los infinitos deseos y, en fin, "palabras de amor que en mi vida florecen como una tierra llena de umbelas".

Si *Crepusculario* marca el inicio de una poesía sensitiva, fulgurante y melancólica, *Veinte poemas de amor y una canción desesperada* (Ed. Nascimento, Santiago, 1924) son el yacimiento del amor y de la naturaleza en la temática nerudiana. La obra, que vendrá a dar nombre universal al poeta, tiene como fondo el paisaje del sur, los bosques de Temuco, las grandes lluvias, los ríos, el salvaje litoral chileno, los muelles de Carahue, el mar y las arenas y los cielos de Puerto Saavedra. Aunque estos hermosísimos poemas tienen el tono de una larga canción de abandono y soledad, un aire de romanticismo y ternura gozosa vivifican cada uno de sus versos. Neruda explica que "sólo cantando mi vida y el amor de algunas mujeres queridas, como quien comienza por saludar a gritos grandes la parte más cercana del mundo, alegres y amargos, yo los he hecho y algo he sufrido haciéndolos". La Naturaleza es aquí un elemento de primera línea. Reviste cada acto, cada gesto, cada rostro: "Te recuerdo como eras en el último otoño. / Eras la boina gris y el corazón en calma". También amor en su deslumbramiento y cosmogonía: "La noche está estrellada, / y tiritan, azules, los astros, a lo lejos". A pesar de las soledades y abandonos y a la desesperada canción, *Veinte poemas* es todo un poema cumbre del amor, que se lee y seguirá leyéndose de generación en generación.

Alrededor de los años treinta, Neruda viaja por primera vez al extranjero, viviendo en el Oriente los años más solitarios de su vida, pero también los más creadoramente sorprendentes. Cumple funciones consulares en Rangún (Birmania), luego en Colombo (Ceylán) y más tarde en Batavia (Java). Es la época que escribe y prepara uno de sus libros fundamentales: *Residencia en la tierra* (publicado originalmente en 1933, Ed. Nascimento, Santiago; y después, en 1935, Ed. Cruz y Raya, Madrid). Esta obra marca un hito en la poesía chilena e hispanoamericana del siglo veinte, convirtiéndose en uno de los libros capitales de la literatura contemporánea. Marca una manera de escribir, un estilo nerudiano, un lenguaje de las cosas cotidianas, de la existencia humana y de las materias. Un místico de la materia, lo llamará nuestra Gabriela Mistral celebrando la belleza temática y de escritura de la obra. El mismo Neruda definirá sus *Residencias* como "un montón de versos de gran monotonía, casi rituales, con misterios y dolores como lo hacían los viejos poetas". Las podridas maderas y hierros averiados de *El fantasma del buque de carga* o las tristezas y olvidos de abandonados comedores en *Melancolía en las familias,* revelan a través de esta obra una mirada nueva del mundo y una concepción renovadora de la poesía: "gastada como por un ácido por los deberes de la mano, penetrada por el sudor y por el humo oliente a orina y a azucena".

El mundo, sin embargo, ha cambiado, y la poesía de Neruda cambia también. Es decir, el poeta asume su deber de utilidad pública, de puro poeta. Su libro *España en el corazón* (Ed. Ercilla, Santiago, 1937) es una prueba evidente de su conducta y compromiso. Viviendo en Madrid, donde se vinculó con lo más representativo de la generación poética del 27 (Federico García Lorca, Miguel Hernández, Antonio Machado), estalla la guerra civil: "Y una mañana todo estaba ardiendo". El poeta no permanece ajeno a los dramáticos sucesos, y escribe los solidarios, conmovedores y descarnados poemas de su libro: "Ay, si con sólo una gota de poesía o de amor pudiéramos aplacar la ira del mundo, pero eso lo pueden la lucha y el corazón resuelto".

Pero Pablo Neruda es también la historia misma de Chile y testigo de nuestro continente americano como lo revela su más ferviente y más vasto libro: *Canto General* (México, 1950). En esta obra el poeta se define como un cronista de su tiempo que expresa poéticamente los días, las realidades y las circunstancias en que se mueven, crean, trabajan y perecen las vidas y los pueblos. Por esta noble poesía, que funda la realidad de un país de una América, pasan los descubridores ("Noche, nieve y arena hacen la forma / de mi delgada patria"), el poeta-soldado Alonso de Ercilla, los intrépidos caciques de nuestro territorio, los libertadores y patriotas. También los hombres del nitrato, las geografías, las culturas precolombinas, la flora y la fauna, los oficios artesanales (*Talabartería, Alfarería*), el mar de Chile, los héroes anónimos y oscuros. Toda una poesía que testimonia un territorio con sus historias, sus geografías y sus gentes. Y el mismísimo Neruda (cuando vive en México) añorando su tierra natal en un "ir detrás de la madera por el río Toltén fragante".

La extensa y variada obra de Neruda se sucede casi de año en año. Sus viajes y sus tareas también, es cónsul, político, senador de la República, diplomático, embajador, Premio Nobel de Literatura (1971). Y siempre nuevos libros llamando a interés y novedad: *Odas elementales* (1954), la historia de sencillas y cotidianas cosas en una visión creativa y original (*El aire, El diccionario, El niño de la liebre*); *Cien sonetos de amor* (1959), el amor de la madurez con su destinatario concreto: Matilde Urrutia, su mujer bienamada y su lenguaje conversacional a la manera de la pareja enamorada; *Memorial de Isla Negra* (1964), obra enteramente biográfica, evocativa y recordatoria ("Oh dulce mamadre / –nunce pude / decir madrastra– / ahora / mi boca tiembla para definirte"). Con este libro Neruda cierra el gran ciclo de su trayectoria poética a la edad misma de cumplir sus sesenta años. Un volver deliberadamente a sus comienzos sensoriales, a la propia vida del autor y a la naturaleza, los viajes y los regresos.

La muestra antológica de este volumen constituye, sin duda, un verdadero periplo alrededor de la más trascendente poesía de Neruda, un acercamiento a sus poemas tutelares en el maravillamiento de sus libros. En estos textos devienen los amores y las esperanzas, los tristes y torrenciales versos, las soledades, alegrías y destinos del hombre de nuestro tiempo. Tienen hoy, como ayer y como siempre, plena validez estas palabras de Federico García Lorca al presentar en la Universidad de Madrid, en diciembre de 1934, a nuestro Pablo Neruda: "Yo os aconsejo oír con atención a este gran poeta y tratar de conmoverse con él cada uno a su manera. La poesía requiere una larga iniciación como cualquier deporte, pero hay en la verdadera poesía un perfume, un acento, un rasgo luminoso que todas las criaturas pueden percibir".

Santiago, verano, 1993.